AF264214

F∴ C∴ D∴ E∴ L∴ D∴ R∴

MES APPRÉCIATIONS

SUR LE

PARTI LÉGITIMISTE

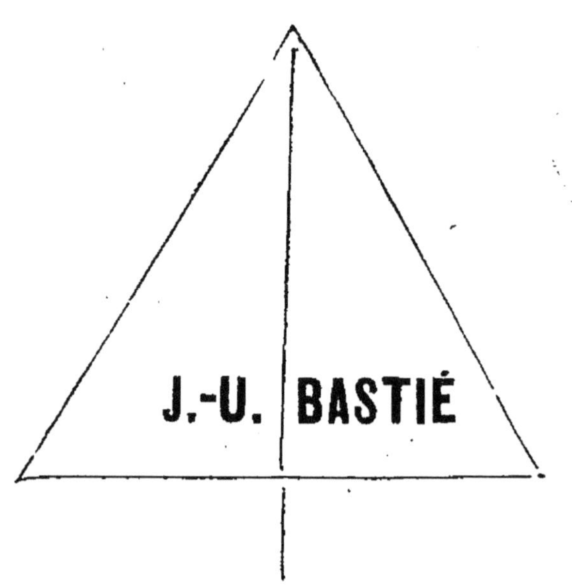

PARIS

IMPRIMERIE LAPIROT ET BOULLAY

9, Cour des Miracles, et rue Damiette

1880

MES APPRÉCIATIONS

SUR LE

PARTI LÉGITIMISTE

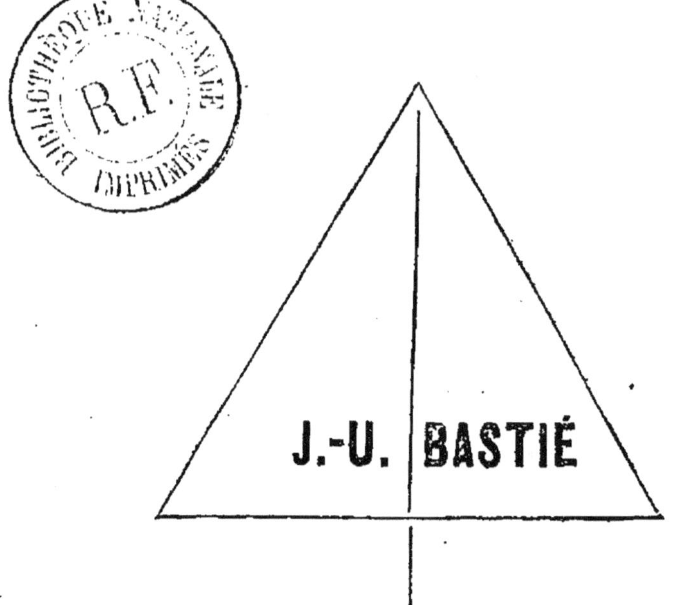

PARIS

IMPRIMERIE LAPIROT ET BOULLAY

9, Cour des Miracles, et rue Damiette

1880

F∴ C∴ D∴ T∴ L∴ D∴ R∴

MES APPRÉCIATIONS

SUR LE

PARTI LÉGITIMISTE

A toutes les Corporations ouvrières de France faisant partie de la Fédération compagnonnique

MES TRÈS-CHERS CAMARADES,

Le bienveillant accueil que vous fîtes au compte-rendu de ma visite à Frosdhorf m'imposait un second devoir non moins grand que le premier.

Je crois vous avoir dit dans mes premières

appréciations que j'avais trouvé peu d'hommes qui sussent apprécier la situation des classes laborieuses comme le comte de Chambord; depuis les plus petits détails jusqu'aux plus hautes questions qui concernent le travail et les travailleurs, il traite toutes ces choses avec une facilité étonnante de la part d'un prince, et beaucoup de chefs d'industrie qui ont passé leur vie dans les ateliers, sont loin d'en connaître autant que lui sur ces matières délicates.

Je me suis longtemps demandé où il avait puisé ces renseignements : je crois avoir pénétré ce mystère.

D'abord parce que le comte a un amour profond, un amour tout paternel pour les ouvriers français.

Voilà pourquoi il ne s'entoure que de gens qui puissent le renseigner d'une manière positive sur leur situation permanente.

Après m'être assuré des bonnes intentions
du prince à notre égard, je devais aussi m'as-
surer de celles de son parti pour pouvoir vous
dire la vérité tout entière sur mes appréciations générales.

Si j'avais trouvé dans le parti royaliste des
idées opposées aux sentiments du prince à notre
égard, je n'aurais pas écrit toutes ces choses,
car vous savez comme moi que souvent la vo-
lonté d'un monarque, si énergique qu'elle soit,
est impuissante à faire le bonheur de son peuple, ses volontés se trouvant souvent paraly-
sées par un entourage qui, malheureusement,
trouve que le peuple est toujours assez heureux,
et il n'y a que par une catastrophe se produisant
que le roi voit surgir la vérité, mais il est souvent trop tard.

Il fallait donc que je m'assurasse si avec le
parti légitimiste d'aujourd'hui des catas-

trophes pareilles étaient possibles, je ne le crois pas, attendu que le prince et ses partisans n'ont tous qu'un but, le bonheur de la nation.

Tous les légitimistes que j'ai vus, et le nombre est grand, m'ont tenu le même langage, ils professent tous au plus haut degré les mêmes sentiments de sollicitude pour les classes ouvrières.

Ainsi, d'une part, voici un prince qui me dit à moi-même, lors de ma visite, ces paroles bien dignes d'un cœur grand comme le sien.

Ces paroles je ne les oublierai jamais de ma vie et j'aurais donné mon existence pour que la France entière put les entendre comme moi :

« Lorsque vous serez de retour en France, me dit-il, dites bien de ma part à vos camarades que si jamais je remontais sur le trône de mes ancêtres, ma première préoccupation serait de choisir sans distinction de classe ni de fortune, les hommes les plus éclairés, les plus sages et les plus vertueux pour m'aider de leurs conseils, afin que nous puissions, le plus vite possible, cicatriser les blessures physiques et morales qui ont été faites à notre chère France. »

Le prince prononça ces nobles paroles avec une émotion que je partageais moi-même, avec un sentiment de tristesse d'abord, ensuite avec un sentiment de bonheur inexplicable que je n'avais jamais éprouvé.

Et voilà le prince dont les ennemis, à bout d'arguments, n'ont rien trouvé de mieux que de chercher à nous faire croire que si jamais il rentrait en France il y viendrait avec des fourgons pleins de billets de confession, qu'il ramènerait la dîme, les droits du seigneur et mille autres balivernes de ce genre.

Il y a des infamies que l'on méprise mais que l'on ne relève pas, celles-là sont du nombre comme toutes celles qui sortent du même répertoire.

Les légitimistes m'ont tous affirmé de leur côté en me disant ceci : « Quand le comte de Chambord remontera sur le trône de ses pères, notre concours le plus énergique lui sera acquis pour faire le plus de bien possible à la France en général et aux classes ouvrières en particulier. »

Ainsi donc, mes chers camarades, après de pareilles promesses faites par des hommes d'honneur, après des garanties aussi sérieuses, pouvons-nous hésiter un seul instant à nous rallier tous à la cause du comte de Chambord, je ne le crois pas et je vous connais tous assez pour être convaincu que pas un de vous n'hésitera.

Agir autrement, il nous en incomberait une responsabilité terrible, ce serait faire abnégation du droit de nous plaindre.

Nous souffrons tous, physiquement et moralement, il se présente un prince dont la seule intention est de nous soulager tous, prenons-le, acceptons ses offres, je ne vois pas d'autre issue.

Si vous ne voulez pas que notre maladie passe à l'état chronique, il est temps que nous rompions avec nos vieux médecins politiques, qui depuis un demi-siècle et plus nous ont tant fait avaler de mauvaises drogues tout en ayant soin de changer le nom de leur remède ; mais pour nous le résultat était le même ; souvent le mal augmentait.

Nous avons eu cependant toute sorte de médecins : des spirites, de somnambules, des magnétiseurs. Ah ! ceux-là, par exemple, n'étaient pas les plus maladroits ; ils nous faisaient de beaux discours à nous autres malades et avaient soin de nous répéter souvent qu'un changement d'air ou de climat était insuffisant pour nous guérir, mais qu'un changement de gouvernement était toujours efficace et salutaire pour calmer nos maux.

Après nous avoir débité des milliers de phrases, ils nous faisaient quelques passes et finissaient par nous endormir, non pas pour examiner l'intérieur de notre corps, pour découvrir le siège de la maladie, c'était tout bonnement pour sonder la profondeur de nos poches et y chercher autre chose que le mal.

Aussi, à notre réveil, étions-nous très étonnés de ne plus voir notre médecin, d'avoir un gouvernement de plus et un porte-monnaie de moins... et la maladie s'aggravait toujours.

Je vous le dis sincèrement, **il faut** cesser ce traitement sous peine de mort.

Comme je vous l'ai dit plus haut, il y a à Froshdorf un Prince qui est universellement connu pour le plus loyal, le plus honnête et le plus vertueux des hommes, ce Prince est tout prêt à se dévouer pour rendre à la France sa grandeur, sa prospérité et la tranquillité dont elle a tant besoin.

L'honnêteté du comte de Chambord n'est-elle pas reconnue par tous ses adversaires, sans exception de parti ; pourquoi ne croyez-vous pas à la parole de ce prince, lorsque vous écoutez si attentivement les boniments de tous ces charlatans qui empoisonnent nos places publiques.

Notre devoir à nous tous travailleurs est donc de chercher, par tous les moyens possibles, à lui rendre cette noble tâche facile

Pour atteindre ce but, il faut que nous sortions dès aujourd'hui de cette léthargie qui nous énerve et nous fatigue et finirait bientôt par nous faire perdre jusqu'au plus petit sentiment de notre dignité.

Les moments sont pressants, ne provoquons pas les évènements, mais ne nous laissons pas surprendre par eux.

Que le jour où les Français pourront revendiquer leurs droits, où tous les partis pourront former un cercle autour du gouvernement qu'ils préfèrent, ce jour-là nous serons tous debout comme un seul homme, nous ne craindrons pas de descendre sur la place publique, non pas pour attaquer personne : notre drapeau, ce jour-là, ne sera pas dans notre poche mais au bout de sa hampe ; si on l'attaquait nous saurions mourir pour le défendre et mourir comme l'on meurt quand on succombe pour une bonne et sainte cause.

Il est inutile de revenir sur le passé, vous me connaissez depuis trente ans, pendant cette période de temps vous m'avez toujours vu à votre tête pour défendre vos intérêts quand ils étaient menacés.

Vous avez suivi une grande partie de mes conseils, je vous en remercie ; j'ai pu me tromper quelquefois, et la preuve que cela m'est arrivé, c'est lorsque dans la fougue de ma jeunesse, je combattais la cause que je sers aujourd'hui ; l'expérience, la raison et ma conscience me disent que j'ai eu tort, j'en demande pardon à Dieu et à vous tous mes amis. Je rachèterai ces torts par un dévouement au comte de Chambord, qui ne s'éteindra qu'avec ma vie. Vous me soutiendrez dans cette juste réparation, car nos intérêts sont les mêmes.

J'espère que vous ferez de ce petit livre ce que vous avez fait de tous les communiqués que je vous ai adressés, vous le soumettrez à l'appréciation de tous vos comités, et dans vos réunions mensuelles, chez toutes les mères du tour de France, vous le répandrez partout, du plus petit hameau jusqu'au plus grand centre, usant ainsi de votre influence pour en faire accepter les principes.

(Du reste les comités recevront des lettres particulières à ce sujet.)

Je n'ai pas besoin de vous recommander de conserver dans les sociétés cet esprit de discipline qui a toujours fait notre gloire et notre force.

En attendant les évènements,

Je vous serre à tous cordialement la main.

J.-U. BASTIÉ

Paris. — Imp. LAPIROT et BOULLAY. 9. cour des Miracles